Der Mann, der c hasste

Randall Garrett

Alpha-Editionen

Diese Ausgabe erschien im Jahr 2023

ISBN: 9789359253459

Herausgegeben von
Writat
E-Mail: info@writat.com

Nach unseren Informationen ist dieses Buch gemeinfrei. Dieses Buch ist eine Reproduktion eines wichtigen historischen Werkes. Alpha Editions verwendet die beste Technologie, um historische Werke in der gleichen Weise zu reproduzieren, wie sie erstmals veröffentlicht wurden, um ihre ursprüngliche Natur zu bewahren. Alle sichtbaren Markierungen oder Zahlen wurden absichtlich belassen, um ihre wahre Form zu bewahren.

Der Mann, der den Mars hasste

Von RANDALL GARRETT

„ICH MÖCHTE, dass du mich ins Gefängnis steckst!" sagte der große, haarige Mann mit zitternder Stimme.

Er richtete seine Bitte an eine dünne Frau, die hinter einem Schreibtisch saß, der viel zu groß für sie schien. Auf dem Schild auf dem Schreibtisch stand:

LT. PHOEBE HARRIS
TERRAN REHABILITATIONSDIENST

Leutnant Harris warf dem Mann vor ihr nur einen kurzen Blick zu, bevor sie ihren Blick wieder auf das Dossier auf dem Schreibtisch richtete. aber lange genug, um den Eindruck zu bestätigen, den seine Stimme vermittelt hatte. Ron Clayton war ein großer, hässlicher, feiger und gefährlicher Mann.

Er sagte: „Na? Verdammt, sag was!"

Der Leutnant hob erneut den Blick. „Seien Sie einfach geduldig, bis ich das gelesen habe." Ihre Stimme und ihre Augen waren ausdruckslos, aber ihre Hand bewegte sich unter dem Schreibtisch.

Das schreckliche Blutbad würde in die blutige Geschichte des Weltraums eingehen.

Clayton erstarrte. *Sie ist gelb!* er dachte. Sie hat die Tracker eingeschaltet! Er konnte das blassgrüne Leuchten ihrer kleinen Augen sehen, die ihn überall im Raum beobachteten. Wenn er sich schnell bewegte, wurde er mit einem Betäubungsstrahl niedergestreckt, bevor er auf die Beine kommen konnte.

Sie hatte gedacht, er würde sie überfallen. *Kleine Ratte!* Er dachte, *jemand sollte ihr eine Ohrfeige geben!*

Er sah zu, wie sie das schwere Dossier vor ihr durchging. Schließlich sah sie wieder zu ihm auf.

„Clayton, Ihre letzte Verurteilung betraf den Raub mit Gewalt. Sie hatten die Wahl zwischen Gefängnis auf der Erde und Freiheit hier auf dem Mars. Du hast dich für den Mars entschieden."

Er nickte langsam. Er war damals pleite und hungrig gewesen. Eine hinterhältige kleine Ratte namens Johnson hatte Clayton um seinen gerechten Anteil am Lohnjob bei Corey geprellt, und Clayton war gezwungen gewesen, irgendwie an das Geld zu kommen. Er hatte den Kerl nicht groß durcheinander gebracht; außerdem war es die eigene Schuld des Idioten. Wenn er nicht versucht hätte zu schreien –

Leutnant Harris fuhr fort: „Ich fürchte, Sie können jetzt nicht nachgeben."

„Aber es ist nicht fair! Bei dieser Verschwörung hätte ich höchstens zehn Jahre Zeit gehabt. Ich bin schon fünfzehn hier!"

„Es tut mir leid, Clayton. Das geht nicht. Du bist hier. Zeitraum. Vergessen Sie den Versuch, zurückzukommen. Die Erde will dich nicht." Ihre Stimme klang abgehackt, als ob sie versuchte, ruhig zu bleiben.

Clayton brach in wimmernde Wut aus. „Das kannst du nicht machen! Es ist nicht fair! Ich habe dir nie etwas getan! Ich werde mit dem Gouverneur reden! Er wird auf die Vernunft hören! Du wirst sehen! Krank-"

" *Den Mund halten!* ", schnappte die Frau barsch. „Ich habe es langsam satt! Ich persönlich denke, Sie hätten eingesperrt werden sollen – und zwar dauerhaft. Ich denke, dass diese Idee einer Zwangskolonisierung der Erde eines Tages Ärger bereiten wird, aber es ist im Grunde die einzige Möglichkeit, irgendjemanden dazu zu bringen, dieses gefrorene Stück Schlamm zu kolonisieren.

„Denken Sie daran, dass es mir nicht besser gefällt als Ihnen – *und ich habe niemanden dazu gezwungen, diesen Auftrag zu verdienen!* Jetzt verschwinde hier!"

Sie bewegte drohend eine Hand in Richtung der manuellen Steuerung des Betäubungsstrahls.

Clayton zog sich schnell zurück. Die Tracker ignorierten jeden, der sich vom Schreibtisch entfernte. Sie waren nur darauf eingestellt, bedrohliche Bewegungen darauf zu erkennen.

Außerhalb des Rehabilitationsdienstgebäudes konnte Clayton spüren, wie die Tränen an der Innenseite seiner Gesichtsmaske herunterliefen. Er hatte in den letzten fünfzehn Jahren immer wieder gefragt – Gott weiß wie oft. Immer die gleiche Antwort. NEIN.

Als er gehört hatte, dass diese neue Administratorin eine Frau war, hatte er gehofft, dass sie sich leichter überzeugen ließe. Das war sie nicht. Wenn überhaupt, war sie härter als die anderen.

Die hitzesaugende Kälte der dünnen Marsluft flüsterte in einer schwachen Brise um ihn herum. Er zitterte ein wenig und machte sich auf den Weg zum Freizeitzentrum.

Am Himmel über ihm war ein hohes, dünnes Pfeifen, das in der dünnen Luft schnell zu einem Schrei wurde.

Er drehte sich für einen Moment um, um zuzusehen, wie das Schiff landete, und kniff die Augen zusammen, um die Nummer auf dem Rumpf zu sehen.

Zweiundfünfzig. Raumtransportschiff zweiundfünfzig.

Vermutlich bringt er eine weitere Ladung armer Trottel dazu, auf dem Mars zu erfrieren.

Das war es, was er am Mars hasste: die Kälte. Die ewige verdammte Kälte! Und die Oxidationspillen; Nehmen Sie alle drei Stunden eins oder ersticken Sie in der schlechten, dünnen Luft.

Die Regierung hätte Kuppeln errichten können; Es hätte zumindest Gebäude-zu-Gebäude-Tunnel einbauen können. Es hätte verdammt viel dazu beitragen können, den Mars zu einem anständigen Ort für Menschen zu machen.

Aber nein – die Regierung hatte andere Ideen. Die Idee war vor fast 23 Jahren auf die Idee einer Gruppe hochrangiger Wissenschaftler gekommen. Clayton konnte sich an die Worte auf dem Blatt erinnern, das ihm bei seiner Verurteilung gegeben worden war.

„Der Mensch ist von Natur aus ein anpassungsfähiges Tier. Wenn wir die Planeten des Sonnensystems kolonisieren wollen, müssen wir die Bedingungen auf diesen Planeten so gut wie möglich erfüllen.

„Aus finanziellen Gründen ist es undurchführbar, einen ganzen Planeten von seinem ursprünglichen Zustand in einen Zustand zu verwandeln, der menschliches Leben, wie es auf Terra existiert, ermöglicht.

„Da der Mensch jedoch anpassungsfähig ist, kann er sich selbst verändern – seine Struktur leicht modifizieren –, sodass er auf diesen Planeten mit nur minimalen Veränderungen in der Umwelt leben kann."

Also haben sie dich dazu gebracht, draußen zu leben und es zu mögen. Du bist also erstarrt und erstickt und hast gelitten.

Clayton hasste den Mars. Er hasste die dünne Luft und die Kälte. Mehr als alles andere hasste er die Kälte.

Ron Clayton wollte nach Hause.

Das Erholungsgebäude lag direkt vor uns; Zumindest wäre es drinnen warm. Er trat durch die Außen- und Innentür ein und hörte die Musik aus der Jukebox. Sein Magen verkrampfte sich.

Sie spielten Heinleins *Green Hills of Earth* .

Im Raum war fast kein anderes Geräusch zu hören, obwohl er voller Menschen war. Es gab viele Kolonisten, die behaupteten, den Mars zu mögen, aber selbst sie schwiegen, als dieses Lied gespielt wurde.

Clayton wollte rübergehen und die Maschine zerschlagen – dafür sorgen, dass sie ihn nicht mehr daran erinnerte. Er biss die Zähne, die Fäuste und die Augen zusammen und fluchte im Geiste. *Gott, wie ich den Mars hasse!*

Als der eindringlich nostalgische letzte Refrain verklang, ging er zum Automaten und füllte ihn mit genügend Münzen, um ihn mit etwas anderem am Laufen zu halten, bis er ging.

An der Bar bestellte er ein Bier und spülte damit eine weitere Oxidationstablette hinunter. Es war kein gutes Bier; es hat diesen Namen nicht einmal verdient. Der atmosphärische Druck war so niedrig, dass das gesamte Kohlendioxid verdampfte, sodass die Brauer es nach der Gärung nie wieder hineinsetzten.

Es tat ihm leid für das, was er getan hatte – wirklich und wahrhaftig. Wenn sie ihm nur noch eine Chance geben würden, würde er es schaffen. Nur noch eine Chance. Er würde alles klären.

Er hatte sich schon beide Male geschworen, dass sie ihn untergebracht hätten, aber damals war alles anders gewesen. Wegen der Bewährungsausschüsse und all dem hatte man ihm keine wirkliche Chance mehr gegeben.

Clayton schloss die Augen und trank das Bier aus. Er bestellte ein anderes.

Er hatte fünfzehn Jahre lang in den Minen gearbeitet. Es war nicht so, dass ihm die Arbeit wirklich etwas ausmachte, aber der Vorarbeiter hatte es auf ihn abgesehen. Ihm immer eine schlechte Zeit bereiten; immer die miesen Jobs für ihn aussuchen.

So wie damals, als er während der Mittagspause für ein Nickerchen in einen Nebentunnel in Tunnel 12 gekrochen war und der Vorarbeiter ihn erwischt hatte. Als er versprach, es nie wieder zu tun, wenn der Vorarbeiter es nicht zur Anzeige bringen würde, sagte der Typ: „Ja. Sicher. Ich hasse es, die Bilanz eines Mannes zu verletzen."

Dann würde er Clayton trotzdem zur Anzeige bringen. Streng genommen eine Ratte.

Clayton hatte keine Chance, gefeuert zu werden; Sie haben nie jemanden gefeuert. Aber sie hatten ihm eine Geldstrafe von einem Tageslohn auferlegt. Ein ganzer Tageslohn.

Er klopfte mit seinem Glas an die Bar, und der Barmann kam mit einem weiteren Bier herüber. Clayton sah es an, dann blickte er zum Barmann. „Legen Sie einen Kopf darauf."

Der Barkeeper sah ihn säuerlich an. „Ich habe hier etwas Seifenlauge, Clayton, und eines Tages werde ich etwas davon in dein Bier tun, wenn du weiterhin den Knebel ziehst."

Das war das Problem mit einigen Leuten. Keinen Sinn für Humor.

Jemand kam durch die Tür herein und dann kam jemand anderes hinter ihm herein, sodass sowohl die Innen- als auch die Außentür für einen Moment offen standen. Eine eisige Brise wehte Clayton über den Rücken und er zitterte. Er wollte etwas sagen, überlegte es sich dann aber anders; die Türen waren bereits wieder geschlossen und außerdem war einer der Jungs größer als er.

Die Eisigkeit schien nicht sofort zu verschwinden. Es war wie in der Mine. Der kleine alte Mars war bis ins Innerste kalt – oder zumindest so weit, wie sie gebohrt hatten. Die Wände waren gefroren und schienen eine Kälte auszustrahlen, die einem die Hitze aus dem Blut zog.

Jemand spielte wieder *Green Hills*, verdammt noch mal. Offensichtlich waren alle seine eigenen Vorräte früher aufgebraucht, als er gedacht hatte.

Hölle! Hier gab es nichts zu tun. Er könnte genauso gut nach Hause gehen.

„Gib mir noch ein Bier, Mac."

Er würde nach Hause gehen, sobald er damit fertig war.

Er stand mit geschlossenen Augen da, lauschte der Musik und hasste den Mars.

Eine Stimme neben ihm sagte: „Ich nehme einen Whiskey."

Die Stimme klang, als hätte der Mann eine schlimme Erkältung, und Clayton drehte sich langsam um, um ihn anzusehen. Nach all der Sterilisation, die sie vor ihrem Verlassen der Erde durchgemacht hatten, hatte niemand auf dem Mars jemals eine Erkältung, also gab es nur eine Sache, die die Stimme eines Mannes so klingen ließ.

Clayton hatte recht. Dem Kerl war ein Sauerstoffschlauch fest über die Nase geklemmt. Er trug die Uniform des Raumtransportdienstes.

„Einfach auf das Schiff einsteigen?" fragte Clayton im Gespräch.

Der Mann nickte und grinste. "Ja. Vier Stunden, bevor wir wieder abheben." Er schenkte den Whisky ein. „Sicher kalt draußen."

Clayton stimmte zu. „Es ist immer kalt." Neidisch sah er zu, wie der Raumfahrer einen weiteren Whisky bestellte.

Clayton konnte sich keinen Whisky leisten. Zu diesem Zeitpunkt hätte er es wahrscheinlich schon geschafft, wenn die Minen ihn zum Vorarbeiter gemacht hätten, wie sie es hätten tun sollen.

Vielleicht konnte er dem Raumfahrer ein paar Drinks ausreden.

„Mein Name ist Clayton. Ron Clayton."

Der Raumfahrer nahm die angebotene Hand. „Meiner ist Parkinson, aber alle nennen mich Parks."

„Sicher, Parks. Äh – kann ich dir ein Bier spendieren?"

Parks schüttelte den Kopf. "Nein danke. Ich habe mit Whisky angefangen. Hier, lass mich dir eins kaufen."

"Gut, danke. Es macht mir nichts aus, wenn ich es tue."

Sie tranken sie schweigend und Parks bestellte zwei weitere.

„Schon schon lange hier?" fragte Parks.

"15 Jahre. Fünfzehn lange, lange Jahre."

„Hast du – äh – ich meine –" Parks sah plötzlich verwirrt aus.

Clayton warf einen kurzen Blick, um sich zu vergewissern, dass der Barkeeper außer Hörweite war. Dann grinste er. „Du meinst, bin ich ein Sträfling? Nein. Ich bin hierher gekomken, weil ich es wollte. Aber …" Er senkte die Stimme. „– wir reden hier nicht darüber. Du weisst." Er gestikulierte mit einer Hand – eine Geste, die alle anderen im Raum einbezog.

Parks blickte sich schnell um und bewegte nur seine Augen. "Ja. Ich verstehe", sagte er leise.

„Ist das deine erste Reise?" fragte Clayton.

„Der erste zum Mars. Ich bin schon lange auf dem Luna-Lauf unterwegs."

„Niedriger Druck stört Sie sehr?"

"Nicht viel. Wir halten es auf den Schiffen nur bei sechs Pfund. Halb Helium und halb Sauerstoff. Das Einzige, was mich stört, ist der Oxy hier. Oder besser gesagt, der Oxy, der *nicht* hier ist." Er holte tief Luft durch seinen Nasenschlauch, um seinen Standpunkt zu unterstreichen.

Clayton biss die Zähne zusammen und ließ die Muskeln an der Seite seines Kiefers hervortreten.

Parks bemerkte es nicht. „Ihr müsst diese Pillen nehmen, nicht wahr?"

"Ja."

„Ich musste sie einmal nehmen. Bin auf Luna gestrandet. Die Katze, in der ich war, hatte eine Panne, etwa achtzig Meilen von der Aristarch-Basis entfernt, und ich musste zurücklaufen – mit niedrigem Sauerstoffgehalt. Nun, ich dachte mir –"

Clayton hörte Parks' Geschichte mit großer Aufmerksamkeit zu, aber er hatte sie schon einmal gehört. Dieses „Auf dem Mond verloren"-Zeug und seine Variationen machten seit vierzig Jahren die Runde. Hin und wieder passierte es tatsächlich jemandem; gerade oft genug, um die Geschichte am Laufen zu halten.

Dieser Typ hatte zwar ein paar neue Wendungen, aber nicht genug, um die Geschichte lohnenswert zu machen.

„Junge", sagte Clayton, als Parks fertig war, „du hattest Glück, lebend da rauszukommen!"

Parks nickte, sehr zufrieden mit sich selbst, und kaufte eine weitere Runde Getränke.

„So etwas ist mir vor ein paar Jahren passiert", begann Clayton. „Ich bin Aufseher der dritten Schicht in den Minen von Xanthe , aber damals war ich nur Vorarbeiter. Eines Tages gingen ein paar Leute zu einem Nebentunnel, um …"

Es war eine sehr gute Geschichte. Clayton hatte es selbst erfunden, also wusste er, dass Parks es noch nie zuvor gehört hatte. Es war genau an den richtigen Stellen blutig, mit einem schönen Effekt am Ende.

„- also musste ich die Steine mit dem Rücken hochhalten, während die Rettungsmannschaft die anderen aus dem Tunnel zog, indem sie zwischen meinen Beinen hindurchkroch. Schließlich brachten sie dort unten einige Stahlträger an, um die Last abzufangen, und ich konnte loslassen. Ich war eine Woche im Krankenhaus", beendete er.

Parks nickte vage. Clayton schaute auf die Uhr über der Bar und stellte fest, dass sie sich schon seit mehr als einer Stunde unterhielten. Parks kaufte eine weitere Runde.

Parks war ein verdammt netter Kerl.

Clayton stellte fest, dass es nur ein Problem mit Parks gab. Er redete so laut, dass der Barkeeper sich weigerte, einen von ihnen mehr zu bedienen.

Der Barkeeper sagte, auch Clayton sei laut geworden, aber das lag nur daran, dass er laut reden musste, damit Parks ihn hörte.

Clayton half Parks, seine Maske und seinen Parka anzuziehen, und sie gingen hinaus in die kalte Nacht.

„*Green Hills*" zu singen. Ungefähr zur Hälfte blieb er stehen und wandte sich an Clayton.

„Ich komme aus Indiana."

Clayton hatte ihn bereits an seinem Akzent als Amerikaner erkannt.

"Indiana? Das ist schön. Wirklich nett."

"Ja. Sie sprechen von grünen Hügeln, wir haben grüne Hügel in Indiana. Wie spät ist es?"

Clayton sagte es ihm.

„Herrgott, Krise! Das alte Spaschiff hebt in einer Stunde ab. Ich sollte zuerst noch etwas trinken."

Clayton erkannte, dass er Parks nicht mochte. Aber vielleicht würde er eine Flasche kaufen.

Sharkie Johnson arbeitete in der Kraftstoffabteilung und verdiente sich einen netten kleinen Nebenjob, indem er Alkohol stahl, ihn schnitt und verkaufte. Er fand es wirklich lustig, es Martian Gin zu nennen.

Clayton sagte: „Lass uns zu Sharkie gehen. Sharkie wird uns eine Flasche verkaufen."

„Okay", sagte Parks. „Wir holen uns eine Flasche. Das ist es, was wir brauchen: eine Flasche."

Es war ein ziemlicher Spaziergang bis zum Haus des Hais. Es war so kalt, dass sogar Parks ein wenig nüchtern wurde. Er lachte höllisch, als Clayton anfing zu singen.

„Wir gehen rüber zum Shark's , um einen Krug Gin für Parks zu kaufen! Hallo ho, hallo ho, hallo ho!"

Eine Sache zu ein paar Drinks; Dir ist nicht so kalt geworden. Du hast es jedenfalls nicht allzu sehr gespürt.

Als sie ankamen, hatte der Hai immer noch das Licht an. Clayton flüsterte Parks zu: „Ich gehe rein. Er kennt mich. Er würde es nicht verkaufen, wenn du in der Nähe wärst. Du hast acht Credits?"

„ Klar, ich habe acht Credits bekommen. Nur eine Minute, und ich gebe Ihnen acht Credits." Er kramte eine Minute lang in seinem Parka herum und holte dann seine Notizmappe heraus. Seine behandschuhten Finger waren etwas ungeschickt, aber er schaffte es, eine Fünf und eine Drei hervorzuholen und sie Clayton zu reichen.

„Warte hier draußen", sagte Clayton.

Er ging durch die äußere Tür hinein und klopfte an die innere. Er hätte um zehn Credits bitten sollen. Sharkie verlangte nur fünf, und damit blieben ihm drei übrig. Aber er hätte zehn bekommen können – vielleicht mehr.

Als er mit der Flasche herauskam, saß Parks zitternd auf einem Felsen.

„Herrgott – Krise !" er sagte. „Es ist kalt hier draußen. Lasst uns irgendwo hingehen, wo es warm ist."

"Sicher. Ich habe die Flasche bekommen. Wollen sie einen Drink?"

Parks nahm die Flasche, öffnete sie und holte einen guten Gürtel heraus.

„ Huhu !" er atmete. „Ziemlich glatt."

Während Clayton trank, sagte Parks: „Hey! Ich gehe besser zurück aufs Feld! Ich weiß! Wir können auf die Herrentoilette gehen und die Flasche austrinken, bevor das Schiff abhebt! Ist das nicht eine gute Idee? Dort ist es warm."

Sie machten sich auf den Weg zurück die Straße hinunter zum Raumfeld .

„Ja, ich komme aus Indiana. Südlicher Teil, unten rund um Bloomington", sagte Parks. „Gib mir den Krug. Nicht Bloomington, Illinois – Bloomington, Indiana. Da unten haben wir wirklich grüne Hügel." Er trank und gab Clayton die Flasche zurück. „Persönlich verstehe ich nicht, warum irgendjemand auf dem Mars bleiben sollte. Hier seid ihr , praktisch mitten im Sommer am Äquator, und es ist höllisch kälter. Brrr !

„Wenn du schlau wärst , würdest du nach Hause gehen, wo es warm ist. Der Mars ist ohnehin nicht dafür gebaut, dass Menschen darauf leben. Ich verstehe nicht, wie du das aushältst."

Da kam Clayton zu dem Schluss, dass er Parks wirklich hasste.

Und als Parks sagte: „Warum dumm sein, Freund?" Warum gehst du nicht nach Hause?" Clayton trat ihm hart in den Bauch.

„Und das, das …", sagte Clayton, als Parks sich zusammenbeugte.

Er sagte es noch einmal, als er ihm gegen den Kopf trat. Und in den Rippen. Parks schnappte nach Luft, als er sich auf dem Boden wand, aber bald lag er still.

Dann erkannte Clayton, warum. Parks' Nasenschlauch hatte sich gelöst, als Claytons Fuß seinen Kopf traf.

Parks atmete schwer, bekam aber keinen Sauerstoff.

Damals hatte Ron Clayton die große Idee. Mit einem solchen Nasenbügel konnte man nicht erkennen, wer ein Mann war. Er nahm noch einen Schluck aus dem Krug und begann dann, Parks auszuziehen.

Die Uniform passte Clayton gut, ebenso die Nasenmaske. Er warf seine eigene Kleidung auf Parks' fast nackten Körper, stellte den kleinen Sauerstofftank so ein, dass das Gas richtig durch die Maske strömen konnte, nahm den ersten tiefen Atemzug guter Luft seit fünfzehn Jahren und ging auf die zu Raumfeld .

Er ging in die Herrentoilette im Hafengebäude, trank etwas und suchte in den Taschen der Uniform nach Parks' Ausweis. Er fand es und öffnete die Broschüre. Es las:

PARKINSON, HERBERT J.
Steward 2. Klasse, STS

Darüber befanden sich ein Foto und eine Reihe von Fingerabdrücken.

Clayton grinste. Sie würden nie erfahren, dass es nicht Parks war, der das Schiff bestieg.

Parks war auch ein Verwalter. Der Helfer eines Kochs. Das war gut. Wenn er ein Jetman oder so etwas gewesen wäre, würde sich die Besatzung vielleicht fragen, warum er beim Start nicht Dienst hatte. Aber ein Steward war anders.

Clayton saß mehrere Minuten da, blätterte in der Broschüre und trank aus der Flasche. Er leerte es, kurz bevor die Warnsirenen durch die dünne Luft heulten.

Clayton stand auf und ging nach draußen zum Schiff.

"Aufwachen! Hallo du! Aufwachen!"

Jemand schlug ihm auf die Wangen. Clayton öffnete die Augen und betrachtete das verschwommene Gesicht über seinem eigenen.

Aus der Ferne sagte eine andere Stimme: „Wer ist da?"

Das verschwommene Gesicht sagte: „Ich weiß es nicht. Er schlief hinter diesen Koffern. Ich glaube, er ist betrunken."

Clayton war nicht betrunken – er war krank. Sein Kopf fühlte sich höllisch an. Wo zum Teufel war er?

„Steh auf, Kumpel. Komm schon steh auf!"

Clayton zog sich hoch, indem er sich am Arm des Mannes festhielt. Die Anstrengung verursachte bei ihm Schwindel und Übelkeit.

Der andere Mann sagte: „Bring ihn in die Krankenstation, Casey. Gib ihm etwas Thiamin."

Clayton wehrte sich nicht, als sie ihn in die Krankenstation führten. Er versuchte, seinen Kopf frei zu bekommen. Wo war er? Er muss letzte Nacht ziemlich betrunken gewesen sein.

Er erinnerte sich an die Begegnung mit Parks. Und vom Barkeeper rausgeworfen zu werden. Dann was?

Oh ja. Er war zum Shark's gegangen, um eine Flasche zu holen. Von da an war es größtenteils verschwunden. Er erinnerte sich an einen Kampf oder so etwas, aber das war alles, was er registrierte.

Der Sanitäter in der Krankenstation feuerte zwei Schüsse aus einer Hypopistole in beide Arme, aber Clayton ignorierte den leichten Stich.

"Wo bin ich?"

„Echt originell. Hier, nimm diese." Er reichte Clayton ein paar Kapseln und gab ihm ein Glas Wasser zum Abspülen.

Als das Wasser seinen Magen erreichte, kam es sofort zu einer Reaktion.

„Oh, Gott!" sagte der Sanitäter. „Holen Sie sich einen Wischmopp, jemand. Hier, Kumpel; hieb hinein." Er stellte eine Schüssel vor Clayton auf den Tisch.

Sie brauchten fast eine Stunde, um Clayton wach genug zu machen, um zu erkennen, was los war und wo er war. Selbst dann war er ziemlich benommen.

Es war der Erste Offizier der STS-52, der die Sache endlich klarstellte. Sobald es Clayton wieder gut ging, brachten ihn der Sanitäter und der Quartiermeister, die ihn gefunden hatten, in das Abteil des Ersten Offiziers.

„Ich habe heute Morgen in den Läden nachgeschaut, als ich diesen Mann gefunden habe. Er schlief todtrunken hinter den Kisten.

„Er war wirklich betrunken", stellte der Sanitäter fest. „Das habe ich in seiner Tasche gefunden." Er reichte dem Ersten Offizier eine Broschüre.

Der Erste war ein junger Mann, nicht älter als achtundzwanzig, mit streng aussehenden grauen Augen. Er sah sich die Broschüre an.

„Woher hast du den Parkinson-Ausweis? Und seine Uniform?"

Clayton blickte verwundert auf seine Kleidung. "Ich weiß nicht."

„Du *weißt es nicht*? Das ist eine verdammt gute Antwort."

„Nun, ich war betrunken", sagte Clayton abwehrend. „Ein Mann weiß nicht, was er tut, wenn er betrunken ist." Er runzelte konzentriert die Stirn. Er wusste, dass er sich eine Geschichte ausdenken musste.

„Ich erinnere mich irgendwie daran, dass wir eine Wette abgeschlossen haben. Ich wette mit ihm, dass ich es auf das Schiff schaffe. Sicher – ich erinnere mich jetzt. Das ist was passiert ist; Ich wette mit ihm, dass ich auf das Schiff komme und wir Kleidung getauscht haben."

"Wo ist er jetzt?"

„Bei mir zu Hause, ich schätze, ich schlafe mich aus."

„Ohne seine Sauerstoffmaske?"

„Oh, ich habe ihm meine Oxidationspillen für die Maske gegeben."

Der Erste schüttelte den Kopf. „Das klingt nach einem Trick, den Parkinson machen würde, in Ordnung. Ich muss es aufschreiben und euch beide den Behörden übergeben, wenn wir auf der Erde landen." Er beäugte Clayton. "Wie heißen Sie?"

„Cartwright. Sam Cartwright", sagte Clayton, ohne mit der Wimper zu zucken.

„Freiwilliger oder verurteilter Kolonist?"

"Freiwilliger."

Der Erste blickte ihn lange an, Ungläubigkeit in seinen Augen.

Es spielte keine Rolle. Ob Freiwilliger oder Sträfling, Clayton konnte nirgendwo hingehen. Aus der Sicht des Offiziers war er im Raumschiff genauso sicher eingesperrt wie auf dem Mars oder in einem Gefängnis auf der Erde.

Der Erste schrieb ins Logbuch und sagte dann: „Nun, uns fehlt ein Mann in der Küche. Sie wollten Parkinson ersetzen; Bruder, du hast es – ohne Bezahlung." Er hielt einen Moment inne.

„Sie wissen natürlich", sagte er mit Bedacht, „dass Sie sofort zum Mars zurückgeschickt werden." Und Sie müssen Ihre Überfahrt in beide Richtungen abrechnen – sie wird von Ihrem Gehalt abgezogen."

Clayton nickte. "Ich weiß."

„Ich weiß nicht, was sonst noch passieren wird. Bei einer Verurteilung kann es sein, dass Sie Ihren Status als Freiwilliger auf dem Mars verlieren. Und es können auch Bußgelder anfallen, die von Ihrem Gehalt abgezogen werden.

„Nun, das ist alles, Cartwright. Du kannst dich bei Kissman in der Küche melden."

Der Erste drückte einen Knopf auf seinem Schreibtisch und sprach in die Gegensprechanlage. „Wer war an der Luftschleuse im Dienst, als die Besatzung letzte Nacht an Bord kam? Schicken Sie ihn hoch. Ich will mit ihm sprechen."

Dann führte der Quartiermeister Clayton aus der Tür und führte ihn in die Küche.

Die Antriebsrohre des Schiffs trieben es mit einer konstanten Quadratbeschleunigung von fünfhundert Zentimetern pro Sekunde voran und drückten es mit etwas mehr als der halben Schwerkraft des Antriebs immer näher an die Erde heran.

Eigentlich gab es für Clayton nicht viel zu tun. Er half bei der Auswahl der Lebensmittel, die in die Automaten gelangten, und reinigte sie nach dem Kochen jeder Mahlzeit. Einmal am Tag musste er sie für eine wirklich gründliche Durchsicht teilweise demontieren.

Und die ganze Zeit dachte er nach.

Parkinson muss tot sein; er wusste das. Damit war die Kammer gemeint. Und selbst wenn nicht, würden sie Clayton zum Mars zurückschicken. Glücklicherweise gab es für keinen der Planeten eine Möglichkeit, mit dem Schiff zu kommunizieren; Es war schwer genug, einen Strahl auf einen Planeten zu richten, ohne zu versuchen, ein so vergleichsweise kleines Ding wie ein Schiff zu treffen.

Aber auf der Erde würden sie es inzwischen wissen. Sie würden ihn abholen, sobald das Schiff gelandet wäre. Und das Beste, auf das er hoffen konnte, war eine Rückkehr zum Mars.

Nein, bei Gott! Er würde nicht zu diesem gefrorenen Schlammball zurückkehren! Er würde auf der Erde bleiben, wo es warm und angenehm war und ein Mann dort leben konnte, wo er leben sollte. Wo es viel Luft zum Atmen und viel Wasser zum Trinken gab. Wo das Bier nach Bier schmeckte und nicht nach Saft. Erde. Schöne grüne Hügel, die es sonst nirgendwo gibt.

Langsam, im Laufe der Tage, entwickelte er einen Plan. Er beobachtete und wartete und überprüfte jedes noch so kleine Detail, um sicherzustellen, dass nichts schiefgehen würde. Es *konnte nichts* schief gehen. Er wollte nicht sterben und er wollte nicht zum Mars zurückkehren.

Niemand auf dem Schiff mochte ihn; Sie konnten seine Position nicht einschätzen. Er hatte ihnen nichts getan, aber sie mochten ihn einfach nicht. Er wusste nicht warum; er hatte *versucht,* mit ihnen auszukommen. Nun, wenn sie ihn nicht mochten, zum Teufel mit ihnen.

Wenn die Dinge so liefen, wie er es sich vorgestellt hatte, würde es ihnen verdammt leidtun.

Er war bei dem ganzen Plan sehr klug. Als es zu einem Wechsel kam , tat er so, als würde er heftig weltraumkrank werden . Das gab ihm die Gelegenheit, eine Flasche Chloralhydrat aus dem Spind des Sanitäters zu stehlen.

Und während er in der Küche arbeitete, verbrachte er viel Zeit damit, ein großes Tranchiermesser zu schärfen.

Einmal gelang es ihm in seiner Freizeit, eines der beiden Rettungsboote des Schiffes außer Gefecht zu setzen. Den anderen rettete er für sich.

Das Schiff war acht Stunden von der Erde entfernt und bremste immer noch ab, als Clayton entkommen konnte.

Es war überraschend einfach. Er sollte schlafen, als er sich mit dem Messer in den Antriebsraum schlich. Er stieß die Tür auf, schaute hinein und grinste wie ein Affe.

Der Ingenieur und die beiden Jetmänner waren vom Chloralhydrat im Kaffee aus der Küche erkältet.

Er bewegte sich schnell, ging zum Ersatzteilschrank und begann systematisch, alle Ersatzteile für die Fahrer zu zerschlagen. Dann nahm er drei der Signalbomben aus dem Notfallkoffer, stellte sie auf fünf Minuten ein und platzierte sie um die Schaltkreise der Fahrer herum.

Er sah die drei schlafenden Männer an. Was wäre, wenn sie aufwachen würden, bevor die Bomben explodierten? Er wollte sie jedoch nicht töten. Er wollte, dass sie wussten, was passiert war und wer es getan hatte.

Er grinste. Es gab einen Weg. Er musste sie einfach nach draußen zerren und das Türschloss blockieren. Er nahm den Schlüssel vom Ingenieur, steckte ihn ein, drehte ihn und brach den Kopf ab, sodass der Schlüsselkörper noch im Schloss steckte. Niemand würde es in den nächsten vier Minuten entsperren.

Dann rannte er die Treppe hinauf zum guten Rettungsboot.

Er keuchte und war außer Atem, als er ankam, aber niemand hatte ihn aufgehalten. Niemand hatte ihn überhaupt gesehen.

Er kletterte ins Rettungsboot, bereitete alles vor und wartete.

Bei den Signalbomben handelte es sich nicht um schwere Ladungen; Ihr Hauptzweck bestand darin , eine Fackel so hell zu machen, dass sie über Tausende von Kilometern im Weltraum gesehen werden konnte. Fluor und Magnesium erzeugten viel Licht – und Wärme.

Ganz plötzlich gab es keine Schwerkraft mehr. Er hatte nichts gespürt, aber er wusste, dass die Bomben explodiert waren. Er drückte den Startschalter auf der Steuertafel des Rettungsboots, und das kleine Schiff sprang an der Seite des größeren heraus.

Dann schaltete er den Antrieb ein, stellte ihn auf ein halbes Ge ein und sah zu, wie die STS-52 hinter ihm abfiel. Es wurde nicht mehr abgebremst, so dass es die Erde verfehlte und weiter in den Weltraum driftete. Andererseits würde das Lebensschiff nur wenige hundert Meilen vom Weltraumbahnhof in Utah, dem Ziel der STS-52, entfernt landen.

Die Landung des Rettungsschiffs wäre der einzige schwierige Teil des Manövers, aber sie waren für Anfänger konzipiert. Vollständige Anweisungen waren auf der vereinfachten Steuerplatine aufgedruckt.

Clayton betrachtete sie eine Weile, dann stellte er den Wecker, um ihn in sieben Stunden zu wecken, und schlief ein.

Er träumte von Indiana. Es war voller schöner grüner Hügel und grüner Wälder, und Parkinson lud ihn zu Hühnchen und Whisky in das Haus seiner Mutter ein. Und das alles kostenlos.

Unter dem Traum lag die ruhige Gewissheit, dass sie ihn niemals fangen und zurückschicken würden. Wenn der STS-52 nicht auftauchte, dachten sie, er sei damit verloren gegangen. Sie würden niemals nach ihm suchen.

Als der Alarm ertönte, war die Erde eine gesprenkelte Kugel, die gewaltig unter dem Schiff aufragte. Clayton beobachtete die Zifferblätter auf der Tafel und begann, den Anweisungen auf dem Landeblatt zu folgen.

Er war nicht besonders gut darin. Der Beschleunigungsmesser stieg immer höher und er hatte das Gefühl, dass er seine Hände kaum noch zu den richtigen Schaltern bewegen konnte.

Er befand sich weniger als fünf Meter über dem Boden, als seine Hand abrutschte. Das Schiff geriet außer Kontrolle, drehte sich, kippte auf die Seite und schlug ein großes Loch in die Kabine.

Clayton schüttelte den Kopf und versuchte, in den Trümmern aufzustehen. Schwindelig, aber unverletzt kam er auf Hände und Knie und atmete tief die frische Luft ein, die durch das Loch in der Kabine hereinblies.

Es fühlte sich einfach wie zu Hause an.

---

des Bureau of Criminal InvestigationCheyenne
, Wyoming20. Januar 2102

An: Space Transport Service
Betreff: Lifeship 2, STS-52
Achtung Herr PD Latimer

Lieber Paul,

Ich habe die Kopien Ihrer Berichte über die Rettung der Männer auf dem behinderten STS-52 zur Hand. Es ist ein Glück, dass die Mondradarstationen ihre Umlaufbahn berechnen konnten.

Der ausführliche offizielle Bericht folgt, aber in Kürze ist Folgendes passiert:

das Rettungsschiff mehrere Meilen westlich von Cheyenne – oder stürzte vielmehr ab, aber aufgrund des Wetters war es bis gestern unmöglich, den Mann zu finden, der es steuerte.

Er wurde als Ronald Watkins Clayton identifiziert, der vor fünfzehn Jahren auf den Mars verbannt wurde.

Offensichtlich war ihm nicht bewusst, dass fünfzehn Jahre Mars-Schwerkraft seine Muskeln so geschwächt hatten, dass er unter der Anziehungskraft eines vollen Erd-G kaum noch gehen konnte.

So konnte er nur etwa hundert Meter von dem zerstörten Rettungsschiff wegkriechen , bevor er zusammenbrach.

Nun, ich hoffe, das klärt alles.

Ich hoffe, dass es dort oben nicht so zu Schneestürmen kommt wie bei uns.

John B. Remley
Kapitän, CBI

DAS ENDE

Milton Keynes UK
Ingram Content Group UK Ltd.
UKHW011820120624
444110UK00004B/210